절하며 산다

국립중앙도서관 출판예정도서목록(CIP)

절하며 산다 : 이영순 시집 / 지은이: 이영순. -- 대전 : 지혜 : 애지, 2017
p. ; cm. -- (지혜사랑 ; 180)

대전문화재단, 대전광역시로부터 사업비 일부를 지원 받았음
ISBN 979-11-5728-251-7 03810 : ₩9000

한국 현대시[韓國現代詩]

811.7-KDC6
895.715-DDC23 CIP2017024510

지혜사랑 180

절하며 산다

이영순

지혜

시인의 말

끝인 듯
막다른 곳에서 길을 묻다가
한 뼘 땅 속을 몰라 시를 썼다

쓸쓸한 벌판
지렁이도 뱀도 고라니도
하늘의 새들도 제 길을 내면서 간다
애증후박으로 짐승의 길을 걸으며
찌르면 쳐내고 베다가 또 찔리면서
시의 칼로 우거진 숲 헤쳐 나왔다

휘둘리면서도 놓지 못하는 시
음표처럼 찍힌 발자국소리다
하나의 현으로
내고 듣는 소리가 저마다 다르기에
나도 궁금하다

이 발자국에서
어떤 가락이 흘러나올지

2017 여름 말미에
지완 이영순

차례

2부

3부

4부

• 일러두기
한 연이 첫 번째 행에서 시작될 때는 > 로 표시합니다.

1부

부화

망초꽃 우거진 묘에
두 번 절하고
나리꽃 촛불로 흔들리는 신방에 든다

저 만치 엉겅퀴꽃 보거나 말거나
흙냄새 흥건하고
저승잎 금침으로 깔린 바닥에 눕는다
날것인 채로,
살점 하나 떼어 올리니
파랗게 맑은 하늘 화촉도 눈부셔라

애비를 부처로 갉아 먹고
풀잎을 풀벌레 소리로 읽어 낼 때
붉은 살덩이
냉큼 집어 삼키는 저 허기진 산 짐승
인연의 줄 목에 걸려 숨이 막혀도
순간은 개울의 여울처럼 지나
인과 하나 마른잎에 새겨 놓고
천년을 걸어 나오는
망자의 신발 한 짝, 산자의 신발 한 짝

나붓나붓 날아간다

像思의 꿈속을 오가더니
한 마리 나비로

밀알 속으로

그대로
썩을 수 없었던
한 톨의 밀알이었다

가시 숭숭 탈곡기를 지나며 터럭을 털고
자동차에 실려 먼 길을 달렸다
온몸이 벌겋게 벗겨졌어도 탱탱한 밀이었다
숨 막히는 골목 지나며 부서지고 으깨진
불그죽죽한 가루
덜커덩거리며 또 나뉘어가고 탈색이 되었다

누가 내 이름 밀이라 불러줄까
이제 이름은 지워야했다
가루가 되고 보니 섞이지 않으면 살 수가 없었다
낯선 것들과 몸을 맞대고 비비며
이웃들과 정녕 하나 되어
전이다 만두다 생소한 이름으로 불리며
살아가다 사라지는 밀

밀알 속으로
뚜벅뚜벅 걸어 들어간다
썩지도 부서지지도 않으면
사람이 아니기에

사랑은

외마디 느낌표로 오는 거야
가슴 터지게 오는 거야
덩굴로 온몸을 휘감으며 오는 거야
피할 수 없는 천둥으로 오는 거야
번개처럼 번쩍, 하는 거야

잠깐 머물다

굽어진 물음표로 가는 거야
부딪친 파도처럼 가는 거야
가슴을 훑으며 가는 거야
해일로 온통 뒤엎으며 가는 거야
쓰나미처럼 모두 쓸어가는 거야

보여주는 거야
상처 속 돋아나는 새살을

그 남자를 보며

그 남자
당당하게 걸어간다

굴뚝에서 막 나온듯한 몰골로
백화점 앞 건널목 가로지르는 사람
그 자태 참으로 꼿꼿하다

낯선 그 냄새에 숙연해 지는 거리
흙속에 반짝 빛난 유리조각처럼
위험한 저 번뜩임
오만도 거만도 아닌 저 당당한 얼굴

꼿꼿한 대나무 묘비 같은 사람
죽은 대나무에 시퍼렇게 매달린 한 잎
꿈을 꾸는 게야, 빌딩 숲에서
그 남자 대숲에 살고 있는 게야

바뀌었다 빨간불로
그림자 속에 숨어든 사람들
햇살 사라진 골목으로 들어서고

내 속엔
대나무 새순이 들썩이고 있다

그때 봄날처럼

나풀대는 무명치마 꼬리에
넘어질 듯 넘어질 듯
따라 뛰어주던 머슴애야
산을 넘어가자 갈산을 넘어가자
붉은 잎 펄펄 날리는 산을
까르르 까르르 웃으며,
그때 봄날처럼

그 입 다물라

생의 딱지로 뚝뚝 떨어져
땅내 쪽으로 머리 세우는 씨앗

온 힘으로 제 껍질을 찢고
또 땅을 뚫어
생사를 넘으며 들이민다
떡잎 두 장 벌어지면 숨 한 번 몰아쉬고
수구려 파고드는 속내 누가 알까만

뿌리 어둠을 밀며 굵어지면
더 새파랗게 하늘로 솟는 줄기
손금처럼 얼기설기 생기는 잔뿌리에
초록 잎 햇살 앞에 꽃피우며 나부댄다
아롱다롱 부르는 벌 나비
솔깃하여 눈이 머는 불놀이
백색의 씨앗 속
흐릿해지는 기억 사이로 바람이 든다

입은 뿌리 검어 틀렸다고 나불거리며
휘어가는 줄기에 부는 꽃 나팔
뿌리보다 먼저 주저앉을 저 잎들 입들

>

불꽃은

심지위에서만 춤 출 수 있다

음습한 동굴이 연못에

비 내리는 연못
음습한 동굴이 보인다

하늘 가린 연잎 위
출렁이다 넘치는 빗물 속에서
통통하고 꼿꼿한 줏대
난들난들 흔들리는 수초 사이로
숭숭 뚫린 구멍마다
애 터지는 청개구리울음 새나간다

빛과 어둠으로 나뉘어 자라는 연
뿌리는 어둠에 신명나고 잎은 햇빛이 짐벙져도
오늘은 그저 젖어드는 날
스미듯 내려앉는 슬픔
실낱같은 몸에 황소같이 짐을 지고
똬리 틀었던 긴 숨을 풀어낸다

시궁창 속에서 벌어지는 인욕의 축
진흙에 뿌리박고 수려한 꽃 물위로 피워
하늘 한 줌 베어 물고 점점이 구멍 난 연밥
뻥 뚫린 구멍 속에서 흘러나오는 웃음소리 듣는다

>

뽀얀 연뿌리 살 속에도
음습한 동굴이
동굴은
살아있는 것들의 숨구멍이었다

절하며 산다

산더미 같은 해일에
마을이 온통 쓸리던 날

자동차들 바람의 낙엽처럼 몰리고
집채들이 휴지처럼 꾸겨져 부서질 때
나무토막에 매달려 울부짖는 소리

그날 이후

천지신명님!
굽어 살펴주십시오
할머니처럼 빌면서 산다

고맙습니다! 고맙습니다!
날마다, 날마다, 절하며 산다

그리움이란

바람 부는 대로
수천수만 번 흔들리는 풀잎이다

실낱보다 더 미미한 햇살을
까치발 떼며 따라가는 해바라기다

시나브로 품고 가는 강물의 별빛
밤낮으로 실뿌리가 쿵쿵거리는 물냄새다

무덤 속까지 따라붙는 그림자다

성자의 말씀

된장은
고린내를 성자의 말씀으로 전해준다
수없이 죽음의 간을 봐야만 풍기는 야릇한 냄새는
장미가 낼 수 없는 맛을 숨겨두고 있다

보리밥 함께 비비며 얼크러지듯
땀내 쩐 입성에 어울리는 된장
부글거리며 끓어 터지고 갈라져도
부둥켜 뒹굴며 만들어 낸 고된 날의 뭉클함
이리치고 저리 쳐 메주로 세상을 거꾸로 보다가
쓰디쓴 소금물 수행으로 눅이는 속
또다시 으깨지는 현실 앞에 고집할 수 없었던 모양새
썩어 바스러지고 수없이 뒤집혀가면서
그릇 따라 변하는 물 닮은 삶의 길을 내었겠지
제 모습의 소멸을 보기까지
얼마나 많은 담금질로 가슴을 지웠을까
생김새도 맛도 콩을 벗은 된장
장미향도 구린내도 아닌
선문답, 쾌쾌함 뒤의 깊고도 깊은 맛

똥과 된장
장미향과 구린내
그리고 성자와 나

겨울 자작나무

산에서 자작나무 소리 듣는다

빈 가지 앙상한 뼈로 부딪는 소리

흩어졌다 안긴 낙엽냄새 핥는 소리

어둠의 갈피 저미는 메스소리

타다닥 타다닥 몸 뒤 트는 소리

소주병

하얗게 눈 깔린 덜덜 추운 산 어귀
얇은 햇살 두르고
누가 또 긴 숨을 쉬는지
쭈글거리는 하도롱 빛 풀잎이 흔들린다

바위틈에 남아 우는 소주병 하나
찌그러져 떨고 있는 종이컵 하나

울퉁불퉁 자갈 눈 위에
비틀거리던 발자국 주저앉은 곳
바닥 뒹구는 그들, 가방에 다시 담아
가볍게 걸어 나왔다 사람의 길로

무궁화 단심

노릇노릇 저문 밤
무궁화동산에 앉았다

분홍꽃으로 흰꽃으로
저마다 입을 열어
진종일 바람에 불리던 무궁화

잠이 들었는지
해쓱한 꽃잎 또르르 말아 넣고
기진한 숨소리만 떠돌았다

무엇이 저토록 고단했을까
꽃들의 시간
가만히 깨물어보는 잎사귀 하나

사발김치 전부인 소박한 밥상
저 잎 따서 끓인 국을
두레두레 앉아 훌훌 마셨다

빛깔, 바람, 나는 모르쇠
깊은 곳 뜻 하나 붉게 새기며

문소리

수런거리는 소리에 잠을 설친다

바스락바시락 샛잎들
나들이 채비하며
소살소살 부푸는 소리

달그락 달싹
대지의 문소리에
살그머니 창을 여니

들숨 따라 성큼 들어선 훈기
푸석했던 땅도
파란 실 뽑아 올리려는지

오물오물 꽃씨를 불리고 있다

변명

산등성이 오르는데
정강이 타고 오른 개미
딱, 때려잡고 허리 펼 때 걸린
나뭇가지 뚝 꺾였을 때

탁, 발목을 낚아채는 나무뿌리에
그만 엎드려 빌었다
편이를 좇아 자연에 불손한 죄
스스로 원죄라며 변명했다

불립문자

앞을 막아선 어린 뱀
한참을 꼼짝 않고 날 파먹었다
그가 써놓은 불립문자 차마 지울 수 없어
그 가는 걸음걸음 바라보며

실낱 같은 종소리에도
나는 울었다
가물에 주저앉은 풀잎되어
저녁 종소리로 울었다

사람의 발작

험한 산
능선을 타던 날이었다

시커먼 마디가 생긴
개미의 행렬
누가 쿵 밟고 간 모양이다
환란을 만난 개미들
만신창이 동료를 황망이 맴돌며
어쩔 줄 몰라 한다

사람의 발은 재앙이었다

수십 마리 둘레둘레
우왕좌왕하더니
두세 마리 힘을 더 모아
죽은 개미를 끌고 어디론가 향하는데
난데없는 소 울음소리
개미행렬보다 더 벌겋고 길게 늘어서간다

눈 없는 발의 발작 따라
귀 없는 요령잡이 노래 따라

조팝꽃 필 때면

한 작품 무대에 올려
공연을 끝낸 광대처럼

또 다른 삶을 찾아
바스스 발길에 몸 부서져 간다

밥꽃 냄새를 풍기며

2부

징검다리

푸르른 물살의 음계에 맞춰
껑충 건너다가 발밑의 돌을 본다

누구냐? 할 것 없이
젖지 말고 가라고
스스로 엎드린 돌
밟히고 부대끼는 나날들
얼마나 참고, 어떻게 견디었을까

입이 없는 저 속
생살도 뭉그러져 떨어지고
남의 살도 내 살처럼 붙기도 했을
하얀 피 주르르 흐르는
붉다 못해 검게 핀 꽃

흙발 눈발 비벼 발랐을
저 반들반들한 돌
서슴없이 하늘과 눈을 맞추고 있다

할망단지

새 아씨가 신부되던 날부터
단지엔 그늘이 고이기 시작했다

그늘위로 시나브로 먼지가 앉고
축축이 젖으며 찐득찐득 시름이 짙어져
귀퉁이에 둥글게 웅크린 할망단지

어느 투박한 손이 툭툭 쳤을 때
켜켜이 옛 집안 말하던 기개로
온몸 울려 뱉는 바튼 기침소리

울컥 옛 아씨의 음성으로
잘 가져가게 아직 장꽃 피울 수 있으니
나보다 숨이 고른 단지여

그날 이후 단지 속 장꽃
하얀 장맛 되어 이곳저곳 기웃거린다.

동짓달의 벌금자리 꽃

눈 날리는 동짓달에
뼈 없는 삭신으로 꽃을 들었다

겨울 햇살 물고
바닥을 누렇게 기면서 품은 혼
여린 줄기 멍들어 잎으로 피고
칼바람 안고 삭여낸 순백의 침묵
총총히 박힌 꽃으로 하얗게 벌어졌다

별빛 바스러진 자리
우두둑 무너지는 뼈대가
빈 봉투처럼 구겨져 읍할 때
언저리선 달아나는 철새소리 푸드득

그저
작은 꽃 하얗게 들었을 뿐인데
철새소리 요란하다

땅의 눈물

토사광란처럼
사그리 쓸어내는 벌건 너울에

둥둥 떠밀려 넘어지고 뒹굴며
뒤죽박죽 쏟아져 나오는 잔해들
물에 뜬 냉장고 빈속에
출렁이는 낭자한 신음소리

너덜대는 비닐 박혔던 플라스틱
억울한 속 솟구치듯 토해내며
강산도 몸부림하는 물난리 후
흙감태기 비지땀으로 닦아낼 때

기진한 땅도 아파
움푹움푹 패인 저 눈물자국

밥통

오늘은 어떻게 밥을 담아야 할까 일 년 삼백예순날 허둥대며 살았다 김이 모락모락 밥통에 피어나면 속고 또 속으며 하얀 별빛인양 다독였다 손길에 긁히고 찌그러져도 퍼담았다 때론 바람과 새소리 눈물 섞어 지은 밥도 눌러 담으며 부서지지 않는다고 열을 올렸다 슬슬 바람 들어 밥맛이 없어져도 삭는 줄 모르고 퍼 넣었다 그러다 핏빛의 녹물딱지 긁어내며 늙은 내장 까보이던 날 알았다 비우고 가야한다는 것을

밥 넣으니 밥통이요 밥 없어도 밥통이니
밑 빠진 밥통이라 돌아온 밥통 보고 나는 웃었다
뜨거운 허기 한 주발에
오늘 밤 나 총총한 별을 볼 수 있겠다

빗줄기 속의 불

허공을 긋는 빗줄기 속
사르지 못한 불의 심장 뛰고 있다

상승을 꿈꾸던
성급한 불
불꽃이 되기 전 날아올라
방울방울 이리저리 몰려다니다가
날개 없이 수직으로 길을 내는 불의 물
저 미완의 불새

타다만 그을음처럼
뜨거움 깊숙이 가두어두고
차갑게 쏟아지는 빗줄기를 본다
내 입에 불씨 하나 물고 서서

인연

붉은장미 한 다발에
가락지를 걸고 와 가슴을 후빈다

잘려진 꽃들의 고통
그 무개로 곧추선 가시에
원하다 찔리고
덤비다 쏟아내는 울음 한 동이
눈물처럼 반짝이는 가락지 때그르르 구르고
뚝뚝 꽃잎이 떨어진다

이미 풀어놓은 옷고름 앞에

가슴 없는 여자

안아줘 어, 안아줘 어
팔 벌려오는 초롱초롱한 눈빛에

잃어버린 가슴을 찾는다

나 누구에게
안아 달라 팔 벌린 적 있나

나 누구에게
안아 달라 팔 벌릴 수 있나

안길 줄 몰라
안을 수도 없었다

걸레의 분노

그녀는
눈도 귀도 없는 맹문이지만
살림살이 내력은 모조리 꿰고 있단다

행색 허름하지만 두 팔 벌리면
사내 뛰어들어 그녀의 세간이 되고
그 세간 구석구석을 날마다 더듬는 여자
뒤란에서 부엌에서 방에서
흥건히 젖은 몸으로
먹물보다 진한 세간의 고독을 핥아주고
뒤죽박죽 엎질러진 일상을 훔쳐내느라
낡아빠진 몸엔 숯검정 사연 늘 묻어 산다고
뒤란의 숲은 소문으로 우거졌다

사람들 사이에
빨아도 걸레라는 그녀
제 몸에 얼룩 빼는 일 잊지 않았다
수없이 구정물 토하며 뒤틀어 비비고
지글거리는 열탕과 냉탕을 오가며
세간의 더러움 제 허물로 지워내더니
허연 거품 물고 부글부글 끓어오른다

>

얼룩덜룩 찌든 세간
서로 떠밀며
깨끗한 척 고고한 척
맹문이 그녀가 분통을 터트린다

내 마음에게

새벽 한 시
그리운 금강산을 홀로 들으며
눈시울 뜨겁게 젖어 드는 것은
사랑 아직 고여 오는 까닭이요
꼭 안아줄 가슴 남아 있기 때문이리다

금강산에도
꽃은 피고지고
새들의 노래, 피 맺힌 울음
잎사귀마다 흔들리고
큰 바위 아래 작은 돌 부딪칠 때
나 수레바퀴로 덜커덩거리며 굴러가고
계곡물 얼었다 녹았다
흘러가더라

이 밤도 나
솟구치는 심열로
어둔 하늘 은하수로 흐르다
금강산 맑은 물에 몸을 씻고
얼굴을 들어
저만치 밤안개 거두니 보이더라

>

푸드덕 날아오르는
불새 한 마리
나는 유독 어둠을 사랑하노니

못 빼는 여자

공사장 한편에
퍼질러 앉아 못을 뺀다

제 앉은 키 보다 긴 장도리를 들고
비직비직 땀을 쏟으며 각목의 못과 씨름을 한다
깊게 박힌 놈도 삐딱하게 덤비는 놈도
제 옹이인 듯 긴 숨을 모으며 잡아 제치면
핏빛의 딱지로 못들이 나뒹굴고
덜크덕 거리며 쌓여가는 구멍 난 각목들

여자와 새참을 두르며
검으티티한 사내들 각목같이 모여든다
얼크러져 당기는 라면가닥에
농을 치는 사내와 질펀한 그녀의 웃음소리
단숨에 벌어지고 일그러지는 입

소금으로 살아온 사내들 속으로
꿀꺽이며 흘러들어
푸르죽죽한 고달픔 잠시 풀어내고
또 못을 빼는
그 여자

밀가루

몸을 바싹 부셔
뽀얀 속을 풀어 보이는 밀가루

어느 날
주르르 찾아드는 물에
아스스해 가루된 몸 웅크리지만
막무가내 손놀림에
주물러지고 뒤집혀지고 곤죽이 되어가며
고행인지 수행인지 하고 나더니
채소를 만나면 채전이 되고
해물을 만나면 해물전 되고
만 가지 삶을 품더니 만두가 되더라
상에 한 번 제 이름 걸고 오르지 못하고
가루것이다 분식이다 변두리에 살면서
무엇을 만나도 저 먼저 지우더라
그렇게 사랑하더라

팔 다리 버리고
망가진 그 삭신이 만다라였다
허기진 사람을 위한

안수정등

오래 전에 얻은
꿀의 유통기한을 보려다, 문득

내 모습을 들여다본다
어디엔가 쓰여 있을 법한 그 숫자
병을 굴리 듯 요리조리 뒤집으며
의원처럼 온몸을 살피는데
시들한 꽃잎 틀어지며
스스로 채우는 족쇄란다
난 사용자의 맘이라고 말 하려다
꿀 살짝 찍어 입에 넣는다
사르르 녹아 번지는 맛이 달콤하다
그래 산수는 해서 뭘 하게
낡은 창으로 쏟아지는 하늘 여전히 푸르고
정으로 발라 먹으니 더욱 감아 도는 맛

달콤함에 난 젖어들고
숫자
하나 둘 허공으로 풀려나가고

장아찌와 할머니

할머니 손잡고 나와
끓인 밥과 나란히 앉은 무장아찌
까만 눈이 반짝인다

할머니,
무를 아세요?
팽팽한 피부에 말간 속살을 가진,
주름진 입을 오물거리며 고개를 끄덕인다

넌 어둠처럼 깊고
바닷물보다 짠 세상을 보았니?
가늘게 썰려 손가락에 매달리는가 싶더니
힘없이 고개를 주억거린다

장에 전 너는 무가 아니고,
삶에 전 나는 사람이 아니란다
밑반찬,
그래! 밑반찬같은 거지,
우리 없음 무너지겠네, 밑받침이니까
하며 키들키들 장아찌가 웃는다

흰 상다리처럼 버티던
할머니 눈가에도 웃음이 스쳐간다

전등불 언저리에서

병상에 누운 낡은 집
기능 제거되고 허물어져 뼈대만 앙상하다

눈은 컴컴한 골목에 허둥거리고
목소리 엉금거리다 바람 사이로 기어들어
시린 고요만 번져 가는데
벌컥 문을 열고 들어서는 아들
어둠 묻은 정장으로 비틀거리며 "아버지…"
끝이 흐려진다
아들의 옷자락 더듬적거리며 "추웁지…"
깜부기불 같은 그 한 마디에
마그마로 솟구치는 가슴 누르고 또 누르다
쥐꼬리처럼 빠져나간 밤

돌아서 쥐어뜯기는 옷자락처럼
우두둑 흔들리는 창문 너머
별빛 가리고 키들거리는 전등불 아래

집 한 채
또 무너져 내리고 있다

거꾸로 선 나무

가로수가
빌딩의 창을 넘어 대리석 속에서 흔들린다

해금의 음률을 밀치며 나붓대는
저 거꾸로 선 나무
바로 선 나의 눈 속에 웃음처럼 살아있다

나무와 발바닥을 마주대고 사진을 찍는다
어떤 사람은 거꾸로 선 내 모습을 살피고 있다

바로 앉고 바로 서며 바르게 살겠다고
바람과 물살에 나 억세게 버티었다

단단한 대리석 속에 얼비친 나무와
저 렌즈 속 거꾸로 서서 웃는 자 누구일까
무엇이 바르고 무엇이 바르지 않단 말인가
데굴데굴 구르며 신음을 토하다가
문득

그랬구나,
빛의 장난과 착시가 있을 뿐
착시가 있을 뿐

고무장갑을 버리며

고무장갑이
쩍쩍 달라붙는다

흐칠흐칠 허옇게 녹아
제 살을 벗기며
닿는 곳마다 찐덕찐덕 묻어나는 점액질
갈 때가 되어
지난날에 대한 미련인 듯 흔적인 듯
붉은 가래를 뱉는다

한때는 뽀드득거리며
싱크대 위에 군림했을 고무장갑
엄니의 오그라진 삭신인가
무엇이든 할 수 있을 것만 같은데
붉은 점액으로 일만 저지르는 찐득한 미련
벗어 던진다. 고무장갑을
그의 흔적을 악착같이 떼어 낸다

때가 되면
이 장갑의 잔해처럼 모두 나를 떼어 내겠지
가깝다는 이유로
때없이 찐득이고, 때없이 너덜거리면

어쩔거냐 뜯어내야지

찢겨진 고무장갑의 붉은 진액이
내 목구멍에서 끈적거린다

공갈빵

속 비우더라도
단단하게 살라며 날 빚었다

그렇게
뛰어든 지글거리는 불판
시간 위에
속살 어둠으로 타 들어가고
거죽 누렇게 뜨다 갈색으로 갈라 터져도
안간힘으로 모양새 잡으며 버텼다

비우고 또 비워가며
모진 불판 위를 데굴데굴 구를 때도
이를 악 물며 달래었다 빈 가슴을
만삭의 보름달 꿈꾸었다

불판 걸어 나와
이제 되었거니
뜨거운 숨 몰아쉬는데
날름거리며 핥아오는 반질한 혓바닥
달콤하고 고소하게
바지직 바지직 부서지는 소리

>

그랬구나,
산다는 것은
잘 부서지기 위한 몸부림이었구나
새가 되어 날아간다
텅 빈 살점 하나

3부

구름동아줄

노을이 진다
붉은 해가 떨어진다
구름동아줄을 꼭 잡은 채

사그라지는 깜부기불로
불꽃의 이글거림을 보이겠다고
사내를 고집하며
애간장 터지도록 가쁜 숨 헐떡일 때
난 내일 모레라는 약속의 풀무를 돌렸다

재티가 연기같이 일어
매운 눈물로 고이는 구름
흐려진 눈으로 제 문앞을 비척거리다
털썩 주저앉던 육신, 그에게
딱 한번만이라는 갈망은 구름띠였다

도시 희망이란
절망과 묶여있는 구름띠 같은 것
숨 쉬는 것들의 내일, 모레같은 것

나비가 된 꽃봉오리

이 봄날
꽃이 피는 이 봄날에
바다에 가라앉는 피다만 꽃들의 아우성

기우는 뱃머리에 파도보다 높이 뛰는 가슴으로
방향 없이 나뒹굴며 쏟아졌을 비명들
미련이 조여 놓은 아슬한 명줄에 매달리며
절망의 나락으로 떨어질 때

어둠 속 실금 같은 한 줄기 빛
하나로 동여맨 간절한 염원을 본다
너와 나 날개가 되어
한 방향으로 함께 날자고
시퍼런 물위를 어찔어찔 맴도는 나비를 본다

이제 노란리본 사르르 풀어주니
반도의 혼이 되어 날아간다
저 앳된 날갯짓으로

납작한 소리

부러진 나뭇가지를
모래밭에 세워 다독거린다

잎을 가꾸자고, 꽃을 피우자고
속으로 웅얼거리는 소리 들었는가
버석거리던 모래 몸을 뒤채며
비들비들 비우며 시들어 가는 가지를
젖 빨던 힘을 다해 오물거린다

허기 속 한 줄기 어둠이
피도 살도 아닌 날숨을 쉬으며
쌓아 올리던 뭉실뭉실한 구름탑에서
돌연
뛰어 내리는 빗줄기
하얀 불꽃이 작은 공처럼 튀어 오르고
방울방울마다 다하지 못한 소리
압지의 잉크처럼 번질 때
가만히 누워 나뭇가지에 젖을 물리는 모래

귀 없는 모래는 듣는다
만물이 돌아가는 납작한 소리를

눈멀어야 사랑이다

밤나무가
벌들에게 불질을 한다

분칠인지 꽃칠인지 뿌옇게 하고
짙은 냄새로 코끝을 살살 긁어
날개를 불러들인다 뭉실뭉실한 금침 속으로

윙윙 숨찬 날갯소리 요란해지고
답삭 엉겨 몸부림치며 자지러지는 꽃가루
몰라도 좋았다 그 속셈은

흠씬 젖어 좋을 소나기계절
눈멀어야 사랑이다

외발 까치를 보며

까치가
한쪽 발 덜렁거리며 뛴다
내 눈 속에서
외짝발로 가시처럼 찍어간다

콕콕 눈이 아프다
두 발이 아니라 나를 수 없고
날지 못해 안달로 푸두둑 대는 저 몸짓
문득 보인다
빈 집에 홀로 드는 사람들

이 땅에
내일 없는 집을 짓는 사람들
독신자 아파트
내 욕심 채우기도 버거운데
어찌 네 마음 채울 수 있겠냐며
벌판에 길을 잃은 사람들
일만 하는 벌과 씨 없는 꽃 난무하는 꽃밭에
허둥거린다,
저 다리 잃은 까치처럼

외발로 찍어가는 저 까치

퍼덕거리는 날개 소리
내일이, 내일이 눈부시게 어둡다

사내, 길 아닌 길을 낸다

고동소리로 허공을 흔들며
넘실대는 먼 바다를 향해 닻을 올린다.

발밑에 물띠 휘감아 돌고
뱃전에 끼룩끼룩 매달린 갈매기 울음
그 삶의 그물 속에서
큰 소리로 풍을 치는 사내들

만선의 깃발을 위하여 고동을 울린다
만삭을 위하여 새벽바다를 가른다

수심을 가늠 못하는 물살 위에서
때로는 깃발처럼 바람에 휘청거리며
겹겹이 밀려오는 파도와 엉켜 뒹굴어도
섬광으로 튀어 오르는 은빛 날갯짓에
팽팽한 가슴으로 낭창낭창한 바다를 훑어간다

해를 들어 올리는 사내들
바다에 길 아닌 길을 낸다
어제처럼 또 어제의 어제처럼

파도의 길

구름이었다
낙숫물이었다
강물이었다

갯바위를 사랑한 물개였다
노 없이 떠다닌 나룻배였다
끈을 놓친 바람이었다

날이 저물어 도시의 낯선 밤이 다가올 때
짜디짠 바닷물이었다
시계바늘처럼 출렁이는 수평선 끝에 매달려
쉼 없이 부서지는 파도였다

구름에서 파도로
오늘도 대차게 내달려 부딪치며
하늘로 하얗게 길을 낸다

거품

농로에 서서
부글거리는 거품을 본다

조용히 흐르던 물이
낙차를 느낄 때
울컥 솟구치는 울화

물고를 트고 두렁을 살피다가
심술보 박 영감 물 건너 돼지엄마
요런조런 생각들로 속을 들쑤신다

밀리고 또 밀리며
티격태격 뽀로록 삐리륵
제 멋대로 부풀려온 물거품

뽈록뽈록 내 얼굴들
둥둥 떠 하나 둘 터지며 간다

누렁잎 단상

누렁잎 하나
푸른잎들 사이에 걸려
바닥을 내려다보고 있다

주저앉을 때를 몰라
또 어떻게 부서질지 알 수 없어
생각 홀로 뒤채는 그 시간
팔랑이며 떨어질 거리보다
갈 길이 더 멀다는 바람의 전언에
또 한 번
오스스 떨다 움츠리는
저 누렁잎

나무를 냅다 차니
가던 바람이 파르르 웃고
누렁새 한 마리 소리도 없이 날아간다

눈사람

보이지 않는 공기가
나무를 흔들 듯
나를 쥐락펴락한다

웅크려 앉게 하는 찬기
봄밤을 새우게 하는 온기
숨 막히는 날
폭풍처럼 문을 박차고
예정에 없던 거리를 떠돌게 했다

낙엽인 듯 단풍인 듯
이리저리 바람에 쓸리다가
꽁꽁 얼어붙은 나

불앞에
글썽글썽 녹아내리며
비로소 사람이 된다

능금이 먹고 싶다

도심에
유난히 휘둘리는 날이면

농익은 홍옥
냉큼 한 입 베어 물고 싶다
시커멓게 그을린 속
보일 때까지 크게 입을 벌려
갈쌍갈쌍한 눈으로
뚝뚝 단물 흘리며 먹고 싶다

나
물면 까르르 해맑게 터지는
능금이고 싶어서

똑똑한 다람쥐

다람쥐가 시를 쓰고있다

찌직 찍 찍
알 수 없는 소리를 지르며
꼬리를 세우고 네 발로 팔짝팔짝 뛰면서

쳇바퀴 안엔
발톱에 긁힌 글자들이 얼크러져 있다

날마다 써가는 이야기들
지구를 만든 신도 쳇바퀴 만든 사람도 읽지 않는다
둥그러지며 뛰어내리는 다람쥐를 볼 뿐

돌면서 나와
돌리다 돌아가는 바퀴에서
뛰어내린 다람쥐
반짝 나와 눈 마주칠 때

몸을 세워 그려 넣는 물음표 하나

뱀에게 쓴 반성문

외진 샘터에
뱀이 똬리를 틀고 앉아있다

뱀 앞에
입이 딱 벌어지며, 움칠
뒷걸음치다 털썩 주저앉아 받아 든
나뭇잎 한 장

감탄사 하나 적어 놓고
흘깃 바라 본 뱀
그 말똥말똥한 눈 속에
내가 고요히 갇힌다

순간
소름 돋도록 징그러운 것은
뱀이 아니었다

사랑을 모른다면

사랑을 모른다면
탱글한 껍질에 입술을 대고
능금 한 입 베어 물 수 없다

첫 키스의 야릇한 그 맛
한낮의 눈길에 애달던 몸 한 조각
흥건히 젖은 옹알이 한 조각
갈증에 파먹던 어둠 한 조각

저마다의 그릇대로
녹이고 지지고 볶다가 태우는 날도
꼭 한 번은 해야 할 이별이 있음으로
사랑의 적자는 피눈물이다

사랑을 해야만 살 수 있어
땅이 루비를 삼키듯
하늘엔 해마다 홍옥이 맺힌다

살아간다는 것

태풍이 지난 후
서있는 나무들 부르르 떨이를 한다

생으로 넘어져
시뻘건 뿌리 하늘로 뻗친 채
창백한 얼굴로 흙더미 끌어안고
보내오는 싸늘한 침묵

쭉쭉 뻗던 가지들, 오늘은
어깨를 낮춰 고개를 숙이고
누운 나무 위에 후두둑 뿌리는 눈물

마르겠지, 또 내일이면
천지를 흔들던 바람도 잊고
오늘 죽어간 이웃도 잊고

하늘 향해 손을 뻗을 나무다
삶에 신들린 가여운 몸짓이다

석류꽃

아궁이 속
삭정이처럼 후두둑후두둑
겨우내 가슴 살라먹으며
달이 차오를 때마다
눈 움켜 입을 막고 얼음 깨물던 속

쉽사리 열지 못해 끙끙

봄의 끝자락
가지마다 일어나는 뜨거운 열
툭툭 석류꽃으로 터져버리면
낡은 신발 불길에 벗어 던지고

훨훨 나비 따라간다
맨발로 맨발로

석류를 먹다가

석류배꼽을 반으로 가르니
태낭을 싸고 돌 듯 번지는 빨간 물
오물오물 쪽쪽 빨아먹는다

털어냈거나 스스로 떨어졌거나
어머니의 붉은 강을 건너
그 줄 석류처럼 끊어졌던 것이다

이국의 석류를 먹는데
으직으직 애잔하던 엄니 잔소리
신물나는 씨 허기로 씹힌다

글썽글썽 먹는 석류
어미를 다 발라 먹고도
무엇이 이빨을 세우게 했을까

4부

그녀의 붉은 편지

고추장을 담그다가
노를 저어 그녀를 건너갑니다
행간마다 뭉클거리는 전언을 찾아서

가루가 되어서도
제 색깔만 꽉 물은 고추와 메주
벌건 성정으로 눈물 콧물 뽑아내고
천정에 매달리던 미련한 고집덩어리
울퉁불퉁 망울지며 몰려다닐 때
단물로 찰떡으로 어우르고 간을 맞추며
걸쭉하게 서로 어울려 살라고
손목 저리도록 젓고 적었을

빨건 물을 뚝뚝 떨어뜨리며
고추장을 종일 저어 보고서야
닿아야 할 그 맛의 아득함을 알았다

맛나게 살아가려면
서로 어우르며 푹 익어야만 된다는
전설 같은 그 전언을

나도 무섭다

아기가 운다
봄 길을 걸어가다 뒷걸음치며
달래려는 손 뿌리치고 울음을 뻗친다
아무리 주위를 살펴보아도 알 수 없는 울음

털썩 땅바닥에 주저앉아
눈물로 그림자를 박박 문대는 아기
번쩍 안아 올리니 울음이 뚝 그쳤다
문득, 제 그림자를 보았음인가

말없이 따라다니는 시커먼 놈
움직이는 모양대로 생기는 연기緣起
떼어 버릴 수 없는 그것
투명한 햇살 아래 더욱 선명해지는 그림자

무섭다, 나도 무섭다
두 손으로 그림자 지우며 울던 아기보다 더

내가 무슨 짓을

홀로 걷는 산길
자지러지는 매미소리에 이끌려
고개를 돌리다 보았다

애달던 칠년의 바람이
한꺼번에 요동치는 것을
벌과 뒤엉켜 땅바닥에
파드득거리며 소리쳐 우는 것을

울음 침에
생각이 멈춰 나이도 잊고
뒹구는 그들 사이를 지팡이로 툭툭 찔러대니
푸드득 솟아오르는 매미

가슴을 쓸어내리고
돌아서서야 생각났다
푸석한 날갯짓으로 돌아갔을 그 벌이

뚱딴지처럼

장롱 깊숙한 곳에서
불쑥 만져진 낡은 사진기
고구마처럼 딸려 나오는 기억들

반세기 전
너를 둘러메고
무작정 타고 본 부산행 비들기호
자갈치 시장 미끌미끌한 비린내 밟으며
풋내기 샛바람에 몰려다닐 때
찰칵거리며 나를 찍어 주던 카메라 셔터
입을 꽉 다문 그 까닭을 알 길 없어
고개 갸웃거리며 만지작거리던 중, 딸칵
돌아와서야 알았다
그 가슴으로 딱 두 번 나를 담아내고
까맣게 타버린 그 속을
서툴게 서둘렀던 그 시절
빛바랜 필름 돌려보다가 툭 튀어나와
고백하고 말았다

아날로그 사랑을
늘 낯설어 잔뜩 주눅 드는
디지털혁명 앞에서

뜨끈한 마음

미나리 한 단
밑동을 뚝 잘라먹고
남은 뿌리 사발에 담가두었는데
하루만에 뾰조록 올라온 새순이 생긋 웃는다

그 웃음 간간이 바라보며 지난 일주일
쑤욱 한 뼘이 웃자란 줄기부터 비주룩한 줄기까지
크고 작고 굵고 가늘고, 썩어가고 살아나고
사발 안 미나리 생들이 천층만층이다
무엇의 무궁한 조화로
사발 속 생사가 저리 다를까

뿌리에 힘도 줘 보고, 잘랐다 원망도 하며
물 부족 빛 부족 때문이라 시들거리는 사이로
쑥 올라와 눈에 불을 붙이는 새파란 줄기
미나리였다. 내가 나를 끌고 가듯이
새순으로 솟는 것도 주저앉는 것도 결국 미나리

미나리에게
정갈한 물 한 잔 공손하게 따라 올린다
뜨끈한 마음으로

滿則溢

주먹만 한 가슴에도
뜨거운 만추의 불은 붙어

차가운 낙엽 밟으며
만수받이 산을 찾아 오르는데

오를수록 작아지는 나
후들거리며 점 하나 곧추 세울 때

쏴– 아 갈잎의 갈채소리가 들리고
와– 아 바람의 환호소리가 들리고

알록달록 살아 온 날들
만장의 글귀되어 춤추는 사이로

뚝 떨어지던 오동잎 한 장
사뿐히 날아올라 길을 건넌다

모래성 놀이

모래성을
제 몸처럼 아끼며 아이들이 놀고 있다

모래성이 전부인 아이들
흘러내리면 끌어 올리고, 지키고 세우느라
울고 웃으며 재재거린다
마음을 춤추게 하던 모래성에
해는 저물고 어둠이 자박자박 다가오고 있다
부르는 소리에 하나 둘 집으로 돌아간다

소중히 여겼던 성, 발로 차고
다독이던 손 툭툭 떨며 돌아간다
갈 곳도 갈 때도 모르는 양
모래판 어둠 속에 끝까지 남았던 아이마저도
모래성에게는 말 한 마디 없이 가버린다
육신을 남겨두고 돌아갈 때처럼

죽음이란
지켜야 할 성이 없어진다는 것
나라고 지켜오던 것을 오롯이 두고
모래성 같은 몸에서 풀려난다는 것
맨 처음, 누가 무엇 때문에 시작했을까

자승자박의 모래성 놀이

손을 펴 툭툭 털고 싶다
한 장의 바람종이처럼 날리고 싶다

不安이 佛眼이 될 때

깊은 밤
지글지글 투덜거리며
희번덕거리는 눈으로 모기를 다 잡고서야
잠이 드는가 싶었는데

악몽이었다
손바닥으로 잡은 모기처럼
내 아이가 죽었다는
몸부림치다 잠이 깨어 불을 켜고도
눈이 젖어 넋이 나가 있었다
그 아이 다 큰 것을 간신이 생각해 내고
허공에 손을 모으며 고맙습니다! 하였다

잠 속에서 조차 울부짖는 미련
한 방울 피에 생사가 걸린 모기
살아간다는 것이 불안을 두드리며 걷는 것인가

또 한 마리 가만히 팔에 앉는다
겨누는 눈총 앞에 내 아이 목숨이 위태롭다
잡지 말고 내어주자 딱 한 번만이라도

따끔

그때 그렇게 나를 열고 들어와
천천히 아주 천천히 내 강물에 목을 놓았다
꿀꺽일 때마다 젖 빨리던 느낌이 간질간질 오고
팔뚝에 붉은 꽃 한 송이 필 때 알았다

불안不安을 두드리면
불안佛眼이 열려
해충도 중생衆生으로 보인다는 것을

바람기

풍선이 쪼그라지듯
빵빵했던 바람기가 빠져나가고 있다

속은 끓는 콜타르처럼 지글거리고
나풀거리던 바지는 무겁게 치렁거렸다
파르르 떨린다, 가위를 잡은 손이
옴츠러진 마음의 거추장스러운 길이 잘라내고
풀어진 실오라기 밀어 넣으며 공그르기 할 때
무단히 들치고 올라 온 어금니가 욱신거린다
들어 온 샛바람, 빠져나간 신바람
바람에 풍기는 초침소리에 떠밀려
바짓단을 줄이며 알았다

나를 살려온 것이
수시로 덮쳐오던 바람기였다는 것을

어느 날의 대화

산이 날 찾아
응 하며 길을 오를 때

숨결은 턱 밑에 차고
볼은 빨갛게 익어
수많은 방울그림 되었다가
수런수런한 생각들 대롱이다 떨어 질 때
덜커덕, 내 발목을 잡는 돌
멈칫 몸을 곧추세우며
위를 올려다보니
나뭇잎은 내 눈을 그윽히 들여다보다가
살랑살랑 온몸을 흔들어 보인다

우리도
늘 이렇게 흔들리며 산다고

입술들

식당에 앉아
새하얀 컵에 물을 마시고
빨간 입술자국을 슬그머니 지우며
생각한다
이렇게 지운 내 입술이 얼마나 될까
이 새하얀 컵
수없이 빨고 간 사람들
또 누군가는 숨겨진 이 입술을 빨 것이고
나도 누군가의 입술을 또 빨고 지우겠지만
아무 것도 서로 아는 것이 없다
다만 목이 말랐을 뿐
디지털시대 사이버공간 속 모였다 흩어지는
엄지 족 나라 영리한 폭도처럼

우리는
컵 위에 지워진 입술들이다
순정에 목마른

가을 벤치에서

높은 가지에
활짝 피어야만 꽃이던가
빨갛게 농익어
묵언으로 내려서는 시간들

이제 돌아올 기차가 없어도 좋다

이고 온 보따리 매듭을 풀어
사잣밥으로 차려 놓고
무심하게 천지로 흩어지는 날숨처럼
간이역 벤치에서 부르는 노래

이제 누워도 좋으리라
가을벌레 소리에 춤을 추는 잎처럼
퉁소소리 따라가도 좋으리라

달그림자

달빛이 고운 날
혼자 나무토막을 씹다가 입맛이
씁쓸해지면
머리에 불쑥불쑥 뿔이 돋는다
고분고분한 노예일 수 없어서

어수룩한 미련을 도구삼아
빤질빤질 요령이든 사람들 사이에서
나무토막을 씹듯 세상을 씹는다
개표가 끝날 무렵
누군가의 생가에 곡하거나
아귀다툼으로 틀어쥔 권력에
어빡자빡 추는 춤도
한때 지나가는 소나기라지만
나 오늘도 달 건지러 간다

나무토막 쇠뿔보다
더 견고한 내 육신의 주인에게 끌려
달빛 속에 파드득 거린다
어망안의 물고기처럼

또 운다

접힌 골이 아프다
쫘–악 펴지 못한 마음의 골이
억지로 이어붙인 문장처럼 아프다

시와 나 사이
진실과 허식 사이
주름이 생기고 그늘이 짙어져
날마다 찾아오는 삼경
구겨지는 시간이 숨통을 조인다
책과 책 사이를 헤매다 길을 잃은 밤
원귀처럼 목 놓아 오늘도 운다

풀어 낼 길이 없어 운다
물러설 줄 몰라 운다
격식 속으로 꾸겨 넣으며 또 운다

새 때문이 아니었다

고요를 뒤 엎었다
베란다 창틈을 비집고 들어온
아기 주먹만 한 새가

화초들이 놀라 우왕좌왕 할 때
작은 새 막다름을 알았는지
하늘을 들이받고 시간을 들이받으며
제 깃털을 뽑아내며 몸부림을 친다

툭 터진 길을 두고
하필이면 좁은 틈을 비집었을까
생각의 틈에 끼어 손수건만한 빛을 뚫다가
날자 날자를 소리 없이 외치며
푸드덕거리던 이상의 날개가
홀연히 내 어깨를 치고 들었다

뛰는
새 때문이 아니었다
내가 허겁지겁 열어젖힌 창은

새똥의 말씀

인적 드문 산길 옆
쇠줄에 매달린
빈 의자가 흔들리고 있다

무엇이 쇠줄을 흔들어 놓았을까
노릇이 버거운 의자에
누가 또 울음을 뭉개다 갔는지
움푹 패인 자리에 물이 고였다

청년의 허탈바람 한 줄
중년의 지친바람 또 한 줄
노년의 한숨바람 뉘일 곳 없어
고인 물속 의자가 또 찌그러진다

의자가 그림자 다시 세울 때
죽비처럼 날아든 새똥
돌아가나 바로가나 끝은 죽음이요
산해진미도 종국엔 똥이라고

툭, 한 마디 던지더니
저도 살겠다고 어디론가 날아갔다

어떤 조가弔歌

잠시 전
눈물 조르르 흐르고
가물가물 무엇인가 이야기하려던 사람
자는 듯 누운 이에게
물거품 같은 하얀 휘장이 덮인다

돌아갔단다

여전히 몸은 여기에 있는데
무엇이 어디로 돌아갔단 말인가
허물어지지 않은 상
외 돌아진 서랍장 안으로 들여보내고
하얀 꽃잎만큼 애도의 말들이 빼곡했다

그는 있지도 없지도 않았다

딱, 소리로 점화된 불길이
육신을 삼키고 영혼을 사를 때
붉은 꽃이 한바탕 흐드러지게 피었는데
이 꽃길을 지나
푸른 물고기 한 마리 훅 지나갔다

해설

불안不安과 불안佛眼의 경계를 나는 한 마리 나비

오홍진 문학평론가

불안不安과 불안佛眼의 경계를 나는 한 마리 나비

오홍진 문학평론가

이영순 시인은 “잘 부서지기 위한 몸부림”(「공갈빵」)으로 시를 쓰고 있다. “속 비우더라도/ 단단하게 살라며 날 빚었다”라는 구절로 시작하는 「공갈빵」에서 시인은 ‘공갈빵’이라는 한 존재에 드리워진 생의 그늘에 주목하고 있다. 공갈빵은 겉으로 보기엔 풍성해 보이지만 안은 공기로 가득 차 있는 빵이다. 빵이라기보다는 과자에 가까운 공갈빵을 보며 시인은 고통에서 더 큰 고통으로 이어지는 게 우리네 삶이라는 걸 이야기한다. 공갈빵은 지글거리는 불판에서 “거죽 누렇게 뜨다 갈색으로 갈라 터져도” 안간힘을 쓰며 모양새를 잡았다. 모진 불판 위를 데굴데굴 구르면서도 이를 악물며 “만삭의 보름달”을 꿈꾼 것이다. 보름달 꿈이 없다면 이 고통을 어떻게 견딜까?

보름달이 된 공갈빵은 드디어 불판을 걸어 나온다. 이제 삶은 완성된 것일까? “날름거리며 핥아오는 반질한 혓바닥”이 기다리고 있다. 공갈빵은 “달콤하고 고소하게/ 바지직 바지직 부서지는 소리"를 듣는다. 자기 몸이 산산조각 나는 소리이다. 만삭의 보름달을 이루기 위해 그토록 불판 위를 뒹굴었는데, 이리 허망하게 부서지는 삶에 이를 줄이야 누가 알았겠는가? 결국은 이렇게 부서지기 위해 공갈빵은 저 고통스런 과정을 하나하나 이겨낸 것이 아닌가. 시인은 "산다는 것은/ 잘 부서지기 위한 몸부림이었구나"라고 쓰고 있다. 잘 부서지기 위해 사는 삶은 "텅 빈 살점 하나"를 남기고 새가 되어 날아가는 삶과 다르지 않다. 아무나 새가 되어 날아가는 게 아니다. 잘 부서진 삶만이 새가 되어 하늘을 난다.

「밀알 속으로」를 참조한다면, 잘 부서지는 삶은 "낯선 것들과 몸을 맞대고 비비며/ 이웃들과 정녕 하나 되어" 살아가는 삶이다. '희생'이라는 거창한 말로 이런 상황을 표현할 필요는 없다. 공갈빵은 잘 부서져야 '공갈빵'이듯, 한 톨의 밀알 또한 "숨 막히는 골목 지나며 부서지고 으깨진/ 불그죽죽한 가루"가 되어야 비로소 전이나 만두와 같은 생소한 이름으로 거듭날 수 있다. 낯선 것들과 몸을 맞대는 삶은 불그죽죽한 가루가 되는 과정을 거친 생명들만이 이를 수 있다. 우리가 일상에서 자주 접하는 이런 음식 하나하나에서 시인은 자신이 가야 할 길을 발견한다. "썩지도 부서지지도 않으면/ 사람이 아니"다. 방부제를 뒤집어 쓴 생명을 생각해 보라. 저 혼자 부서지지 않고 낯선 것과 섞이지도 않는 생명을 생각해 보라. 새가 되어 하늘을 나는 꿈을 그들이 과연 꿀 수 있을 것인가?

된장은

고린내를 성자의 말씀으로 전해준다
수없이 죽음의 간을 봐야만 풍기는 야릇한 냄새는
장미가 낼 수 없는 맛을 숨겨두고 있다

보리밥 함께 비비며 얼크러지듯
땀내 쩐 입성에 어울리는 된장
부글거리며 끓어 터지고 갈라져도
부둥켜 뒹굴며 만들어 낸 고된 날의 뭉클함
이리치고 저리 쳐 메주로 세상을 거꾸로 보다가
쓰디쓴 소금물 수행으로 눅이는 속
또 다시 으깨지는 현실 앞에 고집할 수 없었던 모양새
썩어 바스러지고 수없이 뒤집혀가면서
그릇 따라 변하는 물 닮은 삶의 길을 내었겠지
제 모습의 소멸을 보기까지
얼마나 많은 담금질로 가슴을 지웠을까
생김새도 맛도 콩을 벗은 된장
장미향도 구린내도 아닌
선문답, 쾌쾌함 뒤의 깊고도 깊은 맛

똥과 된장
장미향과 구린내
그리고 성자와 나

—「성자의 말씀」 전문

된장에서는 고린내가 풍긴다. 사람이 좋아할 만한 냄새가 결코 아닌 데도, 사람들은 된장에서 구수한 냄새를 맡는다. 된장에서 풍기는 고린내를 시인은 "성자의 말씀"에 비유하고 있다. "수없이 죽음의 간을 봐야만" 야릇한 고린내가 풍긴다. 장미 냄새는 따라올 수 없는 된장의 야릇한 냄새는 무엇보다 발효 과정에서 수없이 이루어진 죽음의 여정에서 비롯된다. 발효란 곧 자기를 버리는 과정이 아닌가. 자기를 내려놓지 않으면 된장에서 야릇한 고린내가 풍길 수 없다. 시인은 자기를 내려놓는 이 마음을 "죽음의 간을" 보는 상황과 연관 짓고 있다. 죽음과 같은 고통을 겪지 않은 생명은 잘 부서질 수 없다는 말을 우리는 이 지점에서 다시금 생각해 보게 된다.

시인은 이 시의 2연에서 "부글거리고 끓어 터지고 갈라져도/ 부둥켜 뒹굴며 만들어낸 고된 날의 뭉클함"을 이야기하고 있다. 메주 하나가 탄생하는 과정에도 공갈빵이 겪은 것 이상의 고통이 스며들어 있다. 푹 삶아낸 콩을 이리 치고 저리 쳐서 메주를 만든다. 거꾸로 매달린 메주가 제 속의 물기를 지워내면 "쓰디쓴 소금물 수행"이 그 다음에 펼쳐진다. 메주 속으로 소금물이 스며든다. "썩어 바스러지고 수없이 뒤집혀가면서" 메주는 서서히 "그릇 따라 변하는 물 닮은 삶의 길"을 내기 시작한다. 시인의 말마따나 "담금질"이다. "제 모습의 소멸을 보기까지" 수없이 많은 담금질이 이루어진다. 담금질은 불속으로 스스로 뛰어드는 일과 다르지 않다. 죽음을 감수하는 행위라는 말이다. "죽음의 간"을 맛본 된장에서는 "장미향도 구린내도" 나지 않는다. 제대로 담금질된 된장은 "쾌쾌함 뒤의 깊고도 깊은 맛"을 낸다.

깊고 깊은 맛을 풍기는 된장은 시인에게 성자聖者의 말씀으로 다가온다. 말로만 도를 외치는 이는 성자라고 볼 수 없다. 부처나 예수를 보라. 그들은 말로만 자비나 사랑을 외치지 않았다. 그들은 온몸으로 사랑을 실천했고, 자비를 실천했다. 스스로 담금질하는 삶을 살지 않았다면 이런 삶이 어떻게 가능했겠는가? 발효라는 고통스런 과정을 거친 된장의 깊디깊은 맛은 성자들의 몸에서 풍기는 냄새와 비슷하다. 똥과 된장이 있다. 장미향과 구린내가 있다. 무엇이 똥이고 무엇이 된장인지 구분하는 삶을 우리는 살아왔는가? 무엇이 장미향이고 무엇이 구린내인지 가릴 수 있는 마음을 우리는 그리면서 살아왔는가? "그리고 성자와 나"라는 시구로 시인은 이 시의 끝을 맺고 있다. 여운이 남는 시구이다. 성자와는 다르게 산 우리네 삶이 성자=된장이라는 맑은 거울 속에 맨몸으로 비치는 듯싶다.

된장 냄새가 나는 성자는 "흙발 눈발 비벼 발랐을/ 저 반들반들한 돌"(「징검다리」)을 닮았다. 징검다리에 놓인 돌을 보며 시인은 "젖지 말고 가라고/ 스스로 엎드린 돌"을 생각한다. 징검다리를 건너는 사람들의 발에 밟히고 부대끼는 삶이 어디 하루 이틀이었을까? 생살이 뭉그러져 떨어지는 그 험난한 시간을 견디며 그 돌은 거기 그 자리를 지켜왔다. "남의 살도 내 살처럼 붙기도 했을" 테니 돌은 이제 돌만은 아닌 생을 살아가는 셈이다. "붉다못해 검게 핀 꽃"으로 오늘도 돌은 "서슴없이 하늘과 눈을 맞추고 있다". 부끄러움이 없으니 하늘도 너그럽게 돌을 바라본다. 하늘만 우리의 맨몸을 비추는 게 아니라 징검다리로 쓰는 돌 또한 우리를 비추고 있다. 곳곳에 있는 수많은 거울들에 우리는 과연 어떤 모습으로 비치고 있을까?

아기가 운다
봄 길을 걸어가다 뒷걸음치며
달래려는 손 뿌리치고 울음을 뻗친다
아무리 주위를 살펴보아도 알 수 없는 울음

털썩 땅바닥에 주저앉아
눈물로 그림자를 박박 문대는 아기
번쩍 안아 올리니 울음이 뚝 그쳤다
문득, 제 그림자를 보았음인가

말없이 따라다니는 시커먼 놈
움직이는 모양대로 생기는 연기緣起
떼어 버릴 수 없는 그것
투명한 햇살 아래 더욱 선명해지는 그림자

무섭다, 나도 무섭다
두 손으로 그림자 지우며 울던 아기보다 더

—「나도 무섭다」 전문

제 그림자를 본 아기가 울고 있다. 봄 길을 걷다 뒷걸음치며 우는 아이를 보고 시인은 순간 당황한다. 주변을 둘러봐도 아이를 위협하는 건 없다. 아이가 털썩 땅바닥에 주저앉는다. 그림자를 손으로 박박 문지른다. 보다 못한 시인이 아이를 번쩍 안아 올린다. 아이가 울음을 그친다. 저를 앞서가는 그림자가 정말로 무서웠던 걸까? 그럴 만도 하다. 검은 그림자가 제 앞에서 일렁이고 있으니 그림자가 뭔지 모르는 아이가 놀랄 만하다. 시인은 "말없이 따라다니는 시커먼 놈"을 떠올린다. 시인이 움직이면 그림자도 움직인다. 시인이 손가락을 세우면 그림자도 손가락을 세우고, 시인이 머리를 흔들면 그림자도 머리를 흔든다. 앵무새 같다. 떼어버리고 싶어도 뗄 수 없는 게 그림자다. 그림자가 사라지면 숙주도 사라지기 때문이다.

시인은 그림자를 보고 우는 아기가 된다. "무섭다, 나도 무섭다"라고 외치는 시인의 마음을 우리는 어떻게 이해해야 할까? 그림자가 움직이는 건 그림자의 주인이 움직인다는 걸 의미한다. 시인 입장에서 보면 그림자는 "연기緣起"의 대상이다. 연기는 인연 줄이다. 인연 줄에 매여 있으니 시인이 그림자에서 벗어나는 건 불가능하다. 죽음에 이르지 않는 한 그림자는 남아 있다. 아니다. 숙주가 죽어도 그림자는 남아 있다. 죽은 자에게도 그림자가 있다. 귀신에게는 그림자가 없다고 하지만, 형체가 있는 존재는 누구나 그림자가 있다. 시인은 제 그림자를 본다. 저 그림자의 주인은 살아 있는 걸까, 죽은 걸까? 그림자가 있는 것만으로 우리는 살아 있다고 말할 수 있을까? 죽음을 넘어서는 인연 줄을 생각하니 시인은 갑자기 무서워진다. 무서움은 살아 있는 생명의 특징이다. 무서운 걸 보니 저 그림자의 주인은 살아 있는 것 같다. 참 덧없는 일이다. 그림자 하나에 순간순간 기쁨과 슬픔이 교차하는 이 인생을 어찌 하면 좋을까?

「모래성 놀이」라는 시에서 시인은 인생을 아이들이 하는 모래성 놀이로 보고 있다. 아이들은 놀이를 할 때 모래성을 제 몸처럼 아낀다. 모래가 흘러내리면 끌어올리는 일을 반복한다. 자기가 지켜야 할 모래성이 있으니 얼마나 즐거울까. 웃고 또 웃으며 아이들은 재재거린다. 해가 저문다. 엄마가 부르는 소리에 아이들은 주저 없이 모래성을 떠난다. 손을 툭툭 털며 모래성을 발로 차는 아이도 있다. "모래성 어둠 속에 끝까지 남았던 아이마저도/ 모래성에게는 말 한마디 없이 가버린다". 시인은 아이들이 남겨두고 떠난 모래성에서 육신의 죽음을 발견한다. "죽음이란/ 지켜야 할 성이 없어진다는 것"이다. 모래성 같은 몸에서 풀려나 엄마가 부르는 소리를 따라 집으로 돌아가는 게 죽음이라고 시인은 생각한다.

육신=모래성을 이곳에 남겨두고 집으로 돌아간 아이는 지금 무엇을 하고 있을까? "자승자박의 모래성 놀이"라고 시인은 쓰고 있다. 스스로 세우고 스스로 허무는 게 모래성 놀이라면, 죽음은 그 놀이의 끝에서 새롭게 펼쳐지는 또 다른 생이라고 할 수 있다. 손을 툭툭 털고 집으로 돌아가는 아이들처럼 시인 역시 "한 장의 바람종이처럼 날리고 싶다"라는 소망을 내보인다. 그러나 모래성을 놓고 죽음의 집으로 돌아가는 일이 이리도 쉬울 리가 없다. 죽음에 이르러서도 흘러내리는 모래성에 집착하는 게 인간=생명이기 때문이다. 모래성으로 비유되는 육신은 살아 있는 존재를 한없이 얽어매는 감옥이다. 감옥이란 걸 알기 때문에 사람들은 거기서 벗어나려 하지만, "자승자박의 모래성 놀이"라는 시구에 암시된 대로, 사람들은 항상 그 감옥 속을 맴돌고 있을 뿐이다.

태풍이 지난 후
서있는 나무들 부르르 떨이를 한다

생으로 넘어져
시뻘건 뿌리 하늘로 뻗친 채
창백한 얼굴로 흙더미 끌어안고
보내오는 싸늘한 침묵

쭉쭉 뻗던 가지들, 오늘은
어깨를 낮춰 고개를 숙이고
누운 나무 위에 후두둑 뿌리는 눈물

마르겠지, 또 내일이면
천지를 흔들던 바람도 잊고
오늘 죽어간 이웃도 잊고

하늘 향해 손을 뻗을 나무다
삶에 신들린 가여운 몸짓이다
—「살아간다는 것」 전문

태풍에 뿌리가 뽑힌 나무가 있다. 시뻘건 뿌리를 하늘로 뻗친 채 쓰러진 나무 앞에서, 하늘을 향해 쭉쭉 가지를 뻗던 다른 나무들이 어깨를 낮춰 고개를 숙이고 있다. 누운 나무 위로 후두둑 눈물이 떨어진다. 더불어 생을 보낸 나무 하나가 죽음의 문턱을 넘고 있다. 창백한 얼굴로 흙더미를 끌어안은 저 나무는 지금 "싸늘한 침묵"에 빠져 있다. 죽는 걸 기뻐하는 존재는 없다. 때가 되어 죽는 것도 아니고 태풍에 생목숨이 뽑혀 죽는 것이다. 당연히 죽은 나무를 향한 애도가 따를 수밖에 없다. “태풍이 지난 후/ 서 있는 나무들 부르르 떨이를 한다”라고 시인은 적고 있다. 부르르 몸을 떠는 나무는 그래도 살아남은 것이다. 살아남은 자들이 죽어가는 나무를 위해 몸을 떨고, 눈물을 뿌린다.

이 시의 제목에 드러나는 대로, 시인은 이 시에서 살아가는 일에 대해 묻고 있다. 죽어가는 친구 앞에서 눈물을 흘리는 것도 살아가는 일이다. 살아가는 일이 삶과 이어져 있는 것만은 아니라는 말이다. 누군가는 살고, 누군가는 죽는 게 살아가는 일이다. 살아간다는 것은 한 손에는 삶을, 다른 한 손에는 죽음을 쥐고 있는 것과 같다. 거센 바람에 뿌리가 뽑힌 나무를 보고도 다른 나무는 눈물 한 방울 떨구고 제 자리를 지켜야 한다. 오늘 하루는 슬프지만 내일이면 “천지를 흔들던 바람도 잊고/ 오늘 죽어간 이웃도 잊”어야 한다. 그래야 나무는 하늘을 향해 손을 뻗을 수 있다. 산 자가 가야 할 길이 있고, 죽은 자가 가야 할 길이 있다. 산 자는 하늘로 가지를 뻗쳐야 한다. 그것이 죽은 자를 향한 최소한의 예의이다.

시인은 죽은 자를 애도하는 산 자들의 삶에서 “삶에 신들린 가여운 몸짓”을 읽어내고 있다. 살아 있는 모든 존재들은 사실 가여운 생명들이다. 언젠가는 죽음과 대면해야 하기 때문이다. 살아간다는 것이 죽어가는 것의 다른 이름이라면 우리는 왜 살기 위해 이토록 “가여운 몸짓”을 해야 하는 것일까? 「못 빼는 여자」에서 시인은 공사장 한편에 퍼질러 앉아 못을 빼는 여자에게 주목하고 있다. 농을 치는 사내들 틈에 섞여 그녀는 “푸르죽죽한 고달픔 잠시 풀어내고/ 또 못을 빼는” 일을 계속한다. 못을 빼는 게 그녀에게는 살아가는 일이다. 못을 빼지 않으면 그녀는 그 살아가는 일마저 지속할 수 없다. 살기 위해 그녀가 벌이는 "가여운 몸짓"은 노동하지 않으면 살 수 없는 사람들의 일상=비극과 맞닿아 있다. 죽은 자는 노동할 필요가 없다. 죽었기 때문이다. 산 자는 못 빼는 여자처럼 끊임없이 못을 빼야 한다. 살아 있기 때문이다.

산더미 같은 해일에
마을이 온통 쓸리던 날

자동차들 바람의 낙엽처럼 몰리고
집채들이 휴지처럼 꾸겨져 부서질 때
나무토막에 매달려 울부짖는 소리

그날 이후

천지신명님!
굽어 살펴주십시오
할머니처럼 빌면서 산다

고맙습니다! 고맙습니다!
날마다, 날마다, 절하며 산다

—「절하며 산다」 전문

이번에는 산더미 같은 해일이 마을을 온통 쓸어버렸다. 자동차들은 바람에 낙엽처럼 내몰렸고, 집채들은 휴지처럼 구겨졌다. 나무토막에 매달려 누군가 울부짖는 소리가 들리기도 한다. 삶의 풍경이 아니다. 죽음이 지배하는 풍경이다. 인간은 만물의 주인이 아니다. 그렇게 착각할 뿐이다. 만물의 주인인 인간이 해일 하나에 이리 뒤흔들릴 수는 없다. 시인은 해일이 마을을 쓸어버린 그날 이후 할머니처럼 천지신명에게 빌면서 산다고 고백한다. 할머니는 두 손 모아 천지신명에게 빌고 또 빌었다. 밤이면 장독대에 정한수를 올려놓고 천지신명을 향해 진심어린 기도를 올렸다. 미신이라고 말하지 말자. 지금 우리는 미신이냐 아니냐 하는 그런 문제를 따지려는 게 아니다. 천지신명께 비는 할머니의 그 마음을 우리는 어느새 잊고 살았다는 걸 말하고 싶은 것이다.

천지신명은 자연이다. 인간은 자연을 정복해야 할 대상으로 생각했다. 할머니들의 기도를 미신으로 내몰고 과학이라는 이름으로 자연을 잔인하게 난도질했다. 자연을 천지신명으로 생각한다면 결코 할 수 없는 일을 우리는 너무 쉽게 저질렀다. 자연이라고 가만있을 수 있겠는가? 자연의 입장에서 보면 인간은 수많은 생명들 가운데 하나일 따름이다. 자연의 한 부분인 인간이 자연 전체를 파괴하려고 한다. 산더미 같은 해일은 자연이 인간에게 내보이는 본보기이다. 지구 곳곳에서 펼쳐지는 자연 재해는 자연이 더 이상 인간의 손아귀에서 놀아나지 않을 거라는 선언과 다름없다. 말 그대로 "천지신명님! 굽어 살펴주십시오"라는 간절한 기도가 필요해졌다. 시인은 "고맙습니다! 고맙습니다!"라고 외친다. "날마다, 날마다, 절하며 산다"라는 간절한 외침을 통해 시인은 우리가 자연 앞에서 취해야 할 근본적인 태도가 무엇인지 새삼 강조하고 있다고 하겠다.

「뱀에게 쓴 반성문」에서 시인은 인간과 자연의 관계를 되묻고 있다. 외진 샘터에서 시인은 똬리를 틀고 있는 뱀을 만났다. 그녀는 움칠 뒷걸음치다 털썩 주저앉는다. 나뭇잎 한 장이 손에 잡힌다. 뱀은 아무 짓도 안 하고 가만히 있다. 시인이 지레 놀라 넘어져서는 나뭇잎 한 장을 집은 것이다. "감탄사 하나 적어 놓고" 시인은 흘낏 뱀을 바라본다. "그 말똥말똥한 눈 속에/ 내가 고요히 갇힌다". 순간 시인은 생각한다. "소름 돋도록 징그러운 것은/ 뱀이 아니었다". 뱀이 징그러운 게 아니라, 그 뱀을 징그럽게 보는 시인의 마음이 징그럽다. 뱀은 뱀일 뿐인데, 우리는 뱀을 항상 인간의 시선으로 본다. 시인은 뱀에게 반성문을 쓴다. 뱀을 뱀으로 보지 못한 미안함을 시로 표현한다. 뱀이라는 자연을 '인식하는' 인간 이성의 문제점을 이 시는 정확히 보여주고 있는 셈이다.

인적 드문 산길 옆
쇠줄에 매달린
빈 의자가 흔들리고 있다

무엇이 쇠줄을 흔들어 놓았을까
노릇이 버거운 의자에
누가 또 울음을 뭉개다 갔는지
움푹 패인 자리에 물이 고였다

청년의 허탈바람 한 줄

중년의 지친바람 또 한 줄
노년의 한숨바람 뉘일 곳 없어
고인 물속 의자가 또 찌그러진다

의자가 그림자 다시 세울 때
죽비처럼 날아든 새똥
돌아가나 바로가나 끝은 죽음이요
산해진미도 종국엔 똥이라고

툭, 한 마디 던지더니
저도 살겠다고 어디론가 날아갔다

—「새똥의 말씀」 전문

인적 드문 산길 옆에서 쇠줄에 매달린 빈 의자가 흔들리고 있다. 움푹 팬 자리에 물이 고여 있다. 누가 이곳에서 눈물이라도 흘리고 간 것일까? 시인은 “청년의 허탈바람 한 줄”을 생각한다. 중년의 지친 바람을 생각하다가 노년의 한숨바람에 이르러서는 눈물을 흘렸을지도 모른다. “고인 물속 의자가 또 찌그러진다”라고 표현하고 있기 때문이다. 쇠줄에 매달려 흔들리는 의자에서 시인은 시간을 보고 있다. 벗어나고 싶어도 벗어날 수 없는 시간의 힘을 마음 속 깊이 느끼고 있다. 저 빈 의자에 앉아 눈물을 흘린 누군가처럼 시인 또한 그 자리에 앉아 펑펑 눈물 흘릴 준비가 되어 있다. 시간 앞에서 누가 눈물을 보이지 않을 수 있을까?

그때다. 시인의 말대로라면 “의자가 그림자 다시 세울 때”이다. 죽비처럼 새똥이 날아든다. 죽비는 선방에서 명

상을 하다가 조는 사람을 경계하는 방망이이다. 방망이라고 했지만 소리만 클 뿐이다. 시인은 갑자기 날아든 새똥을 이 죽비에 비유하고 있다. 새똥이라는 죽비가 눈물 흘릴 준비를 하고 있는 마음을 강하게 치고 있다. 정신이 번쩍 든다. "돌아가나 바로 가나 끝은 죽음이요/ 산해진미도 종국에 똥"이라는 말씀이 뇌리를 맴돈다. 돌아가나 바로 가나 그 끝에는 죽음이 있다. 이곳에서 눈물을 흘린다고 무엇이 달라지나? 속은 후련해질지 모른다. 하지만 마음이 바뀌지 않았는데 후련해진 속이 무슨 의미가 있는가? 얼마 있다 다시 시인은 똑같은 상황에 빠져 울어야 할 준비를 해야 한다. 인생은 원래 그런 거라고? 그렇다. 원래 그런 것이 인생이라면 인생이다.

똥을 싸고 떠난 새는 어디로 갔을까? 이런 질문은 어리석다. 똥을 싼 새는 "저도 살겠다고 어디론가 날아갔"을 것이기 때문이다. "저도 살겠다"라는 구절에 나타나는 대로 시인은 새똥에서 생에 대한 의지를 발견하고 있다. 산해진미도 종국에는 똥으로 바뀐다. 이 말을 산해진미를 먹지 말라는 의미로 해석하면 안 된다. '산해진미'라는 현상이 중요한 게 아니다. 그것이 집착하는 마음의 표현이라는 걸 아는 게 정말로 중요하다. 산해진미에 집착하는 마음이 없다면, 산해진미가 똥이 되든 살이 되든 무슨 상관이란 말인가? 새는 똥을 싸고 제 갈 길로 갔다. 살기 위해 어딘가로 날아갔다. 쇠줄에 매달린 빈 의자에서 울던 사람들도 이곳에 똥=눈물을 쏟고 제 갈 길로 갔다. 시인이라고 별다른 수가 있나? 움푹 팬 빈 의자에 똥을 내지르고 저 새처럼 제 갈 길로 가면 된다.

「밥통」이란 시를 참조한다면, 우리는 밥통 속에 밥을 담을 궁리만 하며 살아왔다. "슬슬 바람 들어 밥맛이 없어져도 식는 줄 모르고 퍼 넣었다". 밥에 대한 집착이 이토록 강하니 탈이 안 날 수 없다. "핏빛의 녹물딱지 긁어내며 늙은 내장을 까보이던 날" 시인은 비로소 "비우고 가야한다는 것을" 깨달았다. 채우면 채울수록 몸이 아프고, 마음이 아프다. 그 아픔을 벗어나기 위해서라도 우리는 비우고 또 비워야 한다. "밥 넣으니 밥통이요 밥 없어도 밥통이니"라고 시인은 쓰고 있다. 속을 비우니 "뜨거운 허기"가 생긴다. 그 허기를 시인은 하늘에 뜬 "총총한 별"로 채우려고 한다. 밥에 대한 집착에서 벗어나 하늘에 뜬 별로 향하는 시인의 이 마음을 우리는 어떻게 바라봐야 할까?

집착은 사람을 불안하게 만든다. 「불안不安이 불안佛眼이 될 때까지」에 표현되듯, 생에 대한 집착은 끊임없는 악몽을 낳는다. "잠속에서조차 울부짖는 미련"에서 깨어나 시인은 "허공에 손을 모으며 고맙습니다! 하였다". 불안不安과 불안佛眼 사이는 마음이 있다. 마음을 어떻게 쓰느냐에 따라 불안은 불안不安이나 불안佛眼이 된다. 이영순의 시는 이렇게 불안不安에서 불안佛眼으로 가는 시의 여정을 보여주고 있다. 거기에는 불안不安을 '죽이고' 불안佛眼을 '살리는' 마음의 길이 끝없이 뻗어 있다. 그 길 위에서 그녀는 "딱, 소리로 점화된 불길이/ 육신을 삼키고 영혼을 사를 때"(「어떤 조가弔歌」) 지나가는 푸른 물고기 한 마리에 주목하고 있다. 죽음에서 삶으로 뻗어 나가는 이야기는 「부화」라는 시에도 나타나는데, 시인은 이 시를 통해 죽음 속에서 "한 마리 나비"로 피어나는 존재를 상징적으로 표현하고 있다. 불안不

安할수록 사람들은 무언가에 집착한다. 집착은 또 다른 집착을 낳는다. 집착이 심해질수록 불안감 또한 마찬가지로 강해진다.

나비는 번데기에서 나온다. 번데기가 제 몸(=껍질)에 집착하면 나비로 변하는 과정이 있을 수 없다. 번데기라는 껍질을 놓아야 한 마리 나비가 탄생할 수 있다는 말이다. 이영순은 이렇게 몸에 대한 집착을 벗어나 "붉은 꽃"(「어떤 조가弔歌」)으로 흐드러지게 피는 죽음의 역설을 노래한다. 죽음의 꽃길을 지나면 "푸른 물고기 한 마리"(같은 시)가 나비처럼 "나붓나붓 날아간다"(「부화」). 한 마리 나비가 되는 길은 마음에 달려 있다. 불안不安이 불안佛眼이 되고, 죽음이 삶이 되는 길을 시인은 한 마리 나비의 마음으로 걸어가고 있는 셈이다.

이영순

이영순 시인은 대전에서 태어났고, 2001년 월간『문학세계』로 등단했으며, 2010년 첫 시집『길은 어디에』를 출간했다. '꿈과 두레박동인' 회장을 역임했고, 현재 (사)한국현대시인협회 이사, (사)대전문인협회 이사, 대전 문총, 대전시인협회, 백지문학회, 꿈과 두레박 회원으로 활동하고 있다.
이영순 시인의 두 번째 시집인『절하며 산다』는 삶의 공포와 죽음의 공포를 극복하고, 이 세상의 삶을 찬양하는 '생명사상의 개화'라고 할 수가 있다. 삶도 두렵고 죽음도 두렵다. 절을 한다는 것은 그의 이웃들과 모든 생명체들과 태양과 달과 별들과, 물, 불, 바람, 흙에게도 경의를 표한다는 것이며, 이 세상의 삶을 찬양한다는 것이다. "고맙습니다! 고맙습니다!/ 날마다, 날마다 절하며 산다."

이메일 : ly1103@hanmail.net

이영순 시집

절하며 산다

발　　행 2017년 9월 25일
지 은 이 이영순
펴 낸 이 반송림
편집디자인 김지호
펴 낸 곳 도서출판 지혜
계간시전문지 애지
기획위원 반경환 이형권 황정산
주　　소 34624 대전광역시 동구 선화로 203-1, 2층 도서출판 지혜 (삼성동)
전　　화 042-625-1140
팩　　스 042-627-1140
전자우편 ejisarang@hanmail.net
애지카페 cafe.daum.net/ejiliterature

ISBN : 979-11-5728-251-7 03810
값 9,000원

* 본 사업은 대전문화재단, 대전광역시로부터 사업비 일부를 지원 받았습니다.